憲法違反の「共謀罪」！

これからどのように闘い、廃止をめざすか

－「共謀罪」のねらいは何か、「悪法」成立によって、わたしたちの暮らしはどう変わるか、市民運動や生活保護などの社会保障改善・拡充の運動はどうなるか－

～2017年７月29日、伊《い》賀《が》興《おき》一《かず》弁護士の講演記録～

全大阪生活と健康を守る会連合会（大生連）

もくじ

「共謀罪」とはなにか　その1

「共謀罪」が成立、これまでの刑事司法を一変《いっぺん》させる

おはようございます。

先日、「共謀罪法《きょうぼうざいほう》」（以下「共謀罪」）が可決成立し、6月21日に公布され、7月11日に施行されました（注1）。この憲法違反の「共謀罪」と、どう闘うかという学習会をやっていただいたのは、民主団体の中では大生連（全大阪生活と健康を守る会連合会）が初めてです。

「共謀罪」が成立して、「さぁ、どうしようか」と、みんな悩んでいる。「どうなるんだろう」という不安がある。ここで、この学習会をするのは、本当に時宜《じぎ》をえた的確なものです。

これから、どんなことが起きるのか、自分たちは何をしなければならないのか、どんな方法で闘うのかを勉強することが、いま、いちばん大事です。大生連のみなさんがその先見性《せんけんせい》（将来を見すえること－大生連）をもたれていることに心から敬意《けいい》を表《ひょう》します。

案内ビラ

２０１３年に淀川生健会の元会員の生活保護法違反にかかわって、大阪府警が事件とはまったく

関係のない大生連や全生連の事務所に不当な捜索《そうさく》・探索《たんさく》をかけてきました（注２）。しかし、生活と健康を守る会（以下・生健会）は犯罪集団ではありません。たとえばあるコソ泥集団が犯罪をしたとして、それで狙《ねら》われたのだったら、ああ、バレたかって、その集団は思うのですよ。でも生健会への家宅捜索《かたくそうさく》はまったく違う。

生活保護を利用していた人が、間違ったことをしてしまった、緩《ゆる》んだことをしてしまったというのは、これは社会的道義からも正さなければなりません。しかし、それに関係のない団体、きちんとしている集団、すなわち生健会が弾圧《だんあつ》されたのです。みなさんは、黙っていられないでしょう。

だから、２０１３年の３回にわたる大阪府警の不当な捜索（注３）に対して、全生連、大生連、それに大阪府下と全国のあらゆる団体が、大阪府警本部と不当な捜索令状を許可した大阪地裁に対して、抗議ＦＡＸを出されました。当然ですよね。「なんというやり方か！」「生健会を色メガネで見ているのか！」「許さない」と抗議をされた。そうした行動で、みなさん方の決意を示されましたね（注４）。

ところが今回の「共謀罪」の成立によって、状況は一変《いっぺん》しました。「共謀罪」は、幹部だけではなく、組織全体を一網打尽《いちもうだじん》（網ですべての魚を捕らえること。これが転じて、犯人をひとまとめにして捕らえる意味）にする可能性があります。警察は、関係者全員を引っぱっていく、そんな恐ろしい法律の運用が可能になったのです。このことを、みなさんと確認しながら、それとどう闘うかをお話しします。

2014年２月、大阪府警の不当弾圧に抗議する集会（800人）

（注1）「共謀罪法」の正式名称は「組織的な犯罪の処罰及び犯罪収益に関する規制等に関する法律等の一部を改正する法律」（通称：組織犯罪処罰法）のこと。改正された箇所は資料を参照。

（注2）２０１３年2月14日、淀川生健会事務所が大阪府警・警備総務課《けいびそうむか》（公安警察）によって家宅捜索を受けた。捜索理由は、翌日の新聞報道によると、生活保護法違反をした被疑者が、生活保護を申請するさいに、淀川生健会の役員が申請同行をしたという理由による。申請同行は違法な行為ではない。生健会は、生活保護を申請する人の申請権と、生存権《せいぞんけん》を守るための運動と位置づけ、申請同行をしている。

（注3）大阪府警は生健会に対し、3回の家宅捜索をおこなった。1回目は２０１３年2月14日、淀川生健会事務所。2回目は同年9月12日、淀川、大生連。3回目は10月10日、淀川生健会、大生連・全生連（全国生活と健康を守る会連合会）。

府警による3回の家宅捜索は弾圧。2回目の9月12日は、生活保護が戦後最大の規模で引き下げ（平均6・5％、最大10％の引き下げ）が強行され、これに反対する全国いっせいの審査請求（9月17日）をする直前だった。3回目は生活保護法の改悪が国会で議論されているとき、全国の生健会員が国会前で座り込みをしている最中に捜索された。

2014年２月、大阪府警の不当弾圧に抗議するデモ

（注4）この弾圧に対して、大生連と全生連は大阪府警に抗議ＦＡＸを送った。さらに不当な捜索令状を許可した大阪地方裁判所に対して、６０００通（推計）の抗議ハガキを送った。そして、翌年、２０１４年2月には８００人規模の抗議集会をし、デモを敢行《かんこう》（参考文献：大生連編『不当弾圧との闘いの記録』日本機関紙出版センター）。

「共謀罪」反対の声をあげ、どう闘《たたか》ったか

「共謀罪」反対の運動は盛りあがって、みんなが反対の声をあげたけれど、成立しました。それにしても、あの国会での政権側の説明はデタラメでした。国会では、「共謀罪」のどこが混乱に満

ちたものであるのかを明らかにすることだったけれど、質問する側にも混乱があった。そのため政府側のデタラメな答弁に対し、追求する側もそれを明らかにできなかった。これが「共謀罪」を成立させてしまった要因《よういん》のひとつだと、わたしは考えています。

「共謀罪」法案《ほうあん》が参議院の委員会で審議《しんぎ》されたとき、「いったい『共謀罪』は、誰を対象《たいしょう》にしているのか」と問《と》うた。すると安倍首相は「団体だ」と答えました。しかし、法務省の官僚は「個人だ」と答弁したのです。これは明らかに混乱であり、矛盾です。なぜ、そのときに立ちどまって「説明をはっきりしろ」、「『共謀罪』の対象は、団体か？　個人か？　どっちなのか、はっきりしろ」と質問できなかったのか？　非常に残念です。もし大阪に国会があれば、わたしは毎日でもそこに行って、「共謀罪」のどこが問題なのかをぶつけたかったが、そんなことはできませんしね。それで大阪でやれることはなにかを考えました。

大阪の弁護士は４３００人ぐらいます。その人たちひとり一人に声をあげてもらおうと「緊急声明《きんきゅうせいめい》」をつくり、賛同《さんどう》を呼びかけました。すると、たった10日間で１１１４名の弁護士が賛同してくれたのです。自民党の顧問《こもん》弁護士も名前を出してくれました。わたしたちの代表がその一覧表《いちらんひょう》を持参して、国会に出向きそれを全議員に渡しました。ファックスでも送りました。「立ち止まって慎重に審議するべきだ」と訴えたのです。

「共謀罪」は、なにが対象なのか？　誰が対象なのか？　テロ対策というけれど、ほんとうにそうなのか？　そもそも「共謀罪」は法律として正しいものなのか？　ほんとうにテロ対策になるのか？　テロ対策って日本ではどういうことがテロ対策になるのか？　これを国会で審議しろと迫った。しかし、このことはなにも審議されませんでした。

みなさん。あの国会の議論は腹に落ちましたか？（「落ちていない」の声）。されていませんよね。

だから、わたしは、毎週日曜日にヨドバシカメラ前で「『共謀罪』を絶対に成立させてはなりません」と街頭演説を続けました。そうしたら、協力してくれる人も出てきたのです。わたしはその人たちとともに宣伝をしました。ファンもできましてね（笑）。お坊さんとかが来てくださってね（笑）、お坊さんは、私の横に立ってポスターを持ってくれたのです。そうやって訴え続けました。

「ヨドバシ前を歩いておられるみなさんが、もし、ここで『テロに遭《あ》い、橋を爆発されたらどうしようか』と心配する人はいますか？ 誰もそんなこと思ってないですよね。この国で生活している人で、『テロが心配だ』、『テロで襲《おそ》われたらどうしよう』『だからテロ対策してくれ』なんていう人はいますか？」と問いかけ続け、国会で審議されている「共謀罪」のデタラメさと危険性を訴え続けたのです。

「共謀罪」とはなにか その2
対象は、団体？ それとも個人？ デタラメにみちた内容

安倍首相はリオデジャネイロオリンピックの閉会式にゲームのスーパーマリオの格好《かっこう》で出てきましたね。あのときなにを言ったか覚えておられますか？

「世界のみなさん。日本ほど安全な国はありません。どうぞ東京オリンピックに来てください」そう言っていたのです。

半年前に、そう言っていた首相が、「『共謀罪』が成立しなかったら、オリンピックを安全に開けない」と言うのです。

団体規制もそうですね。首相が「団体しか対象にしない」と言ったら、もう、ほとんどの人は自

分が入っている団体はそんなこと（テロ）をすると思っていないから、「なんや、テロをやる団体だけが対象か。ほんなら、わたしら『共謀罪』の対象《たいしょう》にならへんなぁ。関係ないわ」そう思ってしまう。

「テロ対策」と**「団体対策」**、この二つの言い方で呼ばれる「共謀罪」のほんとうの姿とねらいをいっさい国民に明らかにしないで、強行採決《きょうこうさいけつ》をしたのです。それも委員会審議《いいんかいしんぎ》が途中だったにもかかわらず、そこでは裁決《さいけつ》をせず、本会議に委員会の中間報告なるものをやって、裁決してしまったのです。委員会では裁決していないのですよ。

大阪の弁護士１１１４名の署名を連《つら》ねた文面は、「慎重《しんちょう》に徹底審議《てっていしんぎ》をせよ、対象について、総理大臣と法務大臣、法務省刑事局長の答弁が一致していない、法律案の説明答弁が不一致では、国民は理解できない、そもそも法律として不完全だ」という指摘をしました。「テロ対策とはなにか」。法的には、なにも議論ができていなかった。政府の「テロ対策」の中身は、内容のない言葉がならんでいるだけです。「共謀罪」は「団体規制《だんたいきせい》なのか、個人規制《こじんきせい》なのか」「これを国会ではっきりさせろ」「そうさせたうえで、賛成か反対かの採決をやれ」と求めていた大阪の１１１４人の弁護士の声は完全に無視されてしまったのです。

「共謀罪」は国民社会と日常生活に暗雲《あんうん》をもたらす

「共謀罪」の処罰規定は「共謀＝計画」だけで、つまり話し合っただけで国民を罰《ばっ》する規定です。処罰規定《しょばつきてい》とは、それに違反したと判断されれば、逮捕され、留置場へ入れられ、裁判にかけられる規定なのです。

日本の法律は、国民に対して「なにをやったら、処罰されますよ」「こういう場合に処罰しますよ」ということを明確にしています。これを「罪刑《ざいけい》法定主義《ほうていしゅぎ》の原則」といいます。「共謀罪」は違いますこの違いをきちんと説明できる人はどれだけいるでしょうか？　ほとんどいません。それだけわかりにくい悪法なのです。

「殺人は悪い」。こんなことは条文を見なくても、みなさんの道徳感や社会常識のうえで分かっていますよね。殺人という行為を処罰する規定があるのは刑罰規定となるだけの根拠でもあるのです。殺人をすれば、死刑か、無期《むき》か、もしくは5年以上の懲役《ちょうえき》です。それは刑法199条で決まっています。

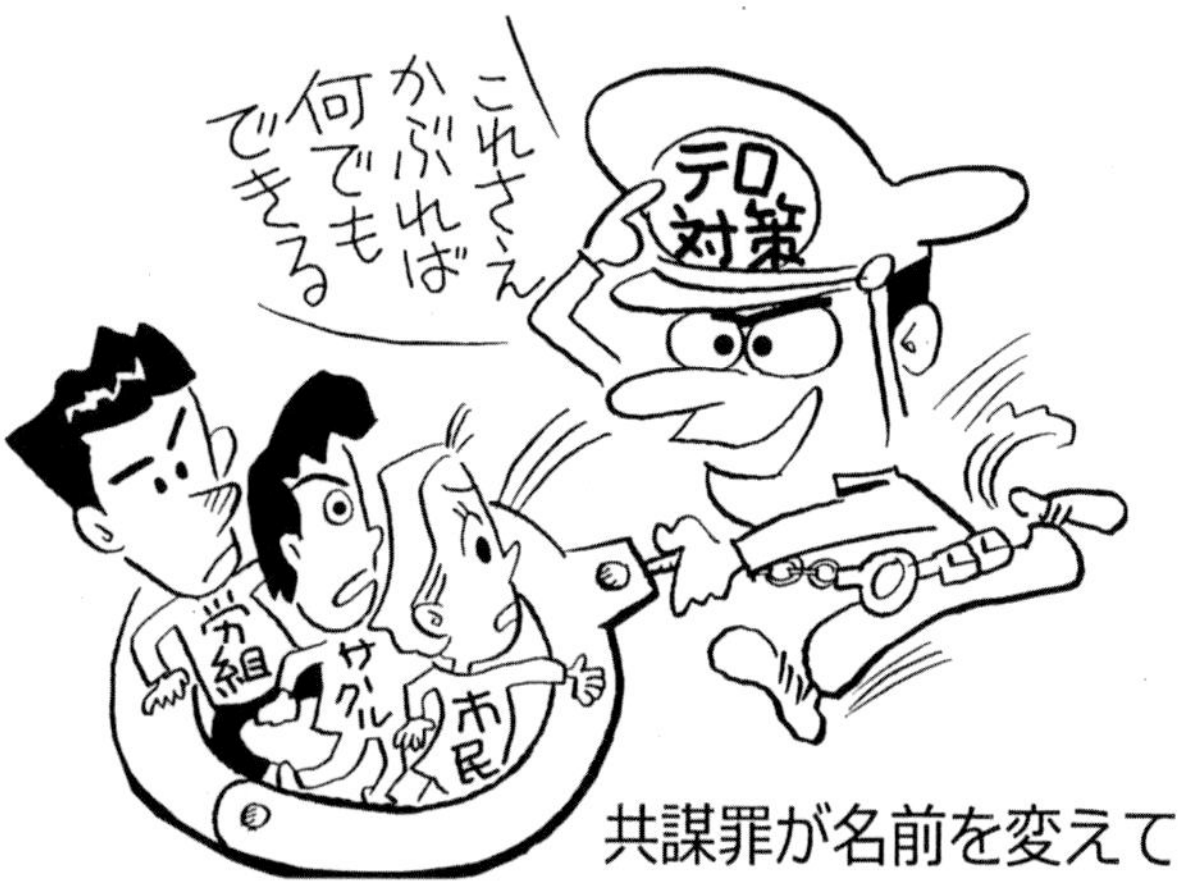

共謀罪が名前を変えて

　しかし、「共謀罪」は国民が理解していないいま成立してしまった。「こんなもんは、わたしらには関係ない」といって済めば、それでいいのですけれども、そうはいきません。

　みなさんが法律を知らなかったら、警察は「あっ、君ら知らんかったんか？」「ほんなら君らを処罰せんとくわ」「君らは逮捕から免《まぬが》れるわ」と見逃してくれれば、いいですけどね、そうはいきません。警察は絶対に見逃さない。法の不知《ふち》は処罰から免れないのです。

　「共謀罪」の成立はこの国の進路を進めるうえで、わたしたちの社会に、日常生活に暗雲《あんうん》をもたらすものです。太陽が燦燦《さんさん》と照っていると気持ちいいけれど、雲が垂《た》れ込め、いつ雨がふるかわからないような、そんな社会になってしまう。「共謀罪」のある風景とはそういうものではないかと思うのです。

「共謀罪」、危険なその中身

その本質はテロ対策や団体規制ではない、ねらいは別のところにある

今年6月23日に「共謀罪」について法務省刑事局長が解説した「依命通達《いめいつうたつ》」（注5）を出しました。**「依命通達」には、「共謀罪」の本質は、「テロ対策」や「（テロ集団の）団体規制」などではない、そのことが読みとれます。**はっきり、そう指摘しているのです。わたしがこれを紹介し、お話しすることが、今日のいちばんの仕事じゃないかなと思います。

まず「テロ対策」についてです。「依命通達」には**「日本でテロ対策が必要だ」とか「テロ対策に有効だ」なんてことは書かれていません。**「共謀罪」には「国際的なテロ対策と連携《れんけい》することができるようになった」と書いてあるのです。

「連携」するというのは、国際間の犯人の引き渡しぐらいです。犯人が他国、すなわち相手国で逮捕された場合、裁判権はその犯人が属《ぞく》する国でおこなう。日本人がアメリカで殺人を犯したら、日本に裁判権を第一義に認める。**「連携」**とは、アメリカから犯人を引き渡すという、犯人引き渡し条約のことです。

みなさん。日本は犯人引き渡し条約をどれだけの国と結んでいると思いますか？　国際協調《こくさいきょうちょう》やと安倍さんは言っていますが、条約はアメリカと韓国としか結べていないのです。

なんでと思いますか？　日本には死刑制度があるからです。フランスで殺人を犯《おか》した日本人が日本に護送《ごそう》され、日本では裁判で死刑になるが、フランスには死刑制度はありません。ヨーロッパでは死刑を廃止しています。罪を犯した者の命を奪うやり方は、国としての権限《けんげん》を越えているという

思想です。「どれほどの極悪非道《ごくあくひどう》な罪を犯したからといっても、死刑にしない」。これがヨーロッパ先進国の理念です。

しかし日本はちがいます。死刑がある。だから死刑制度がある国とない国とでは、犯人の引き渡し条約は絶対に成立しない。それゆえ、**「連携」**しているのは韓国とアメリカだけなのです。これで、なにが「国際協調」なのでしょうか。

国際法を知っている人なら、「安倍首相は、国会の『共謀罪』が通れば、国際的に犯人の引き渡しだとか、情報の交換ができると言っているが、それは違う。日本は世界から孤立している国だ」と言うでしょう。安倍首相が答弁していた「国際協調」および**「連携」**のゴマカシと矛盾《むじゅん》を国会で議論して欲しかったのです。わたしもこの情報を提供しましたが、残念なことに冷やかしみたいな議論ばかりが続いた。「キノコ採《と》りをしたらどうなるねん」とか、「双眼鏡と地図を持っていたら、テロリストやけど、弁当と水筒やったら散歩や」とか。いったい、そんな「論争」を国会でやっていても「共謀罪」の本質が見えにくくなるだけです。だから国際条約や連携というならば、「日本にある死刑制度との関係はどうするのですか？」という議論をされるべきだったのです。わたしはそのように思います。

(注5) 依命通達：２０１７年6月23日に法務省刑事局長が、検事総長、検事長、検事正に対して出した「組織的な犯罪の処罰及び犯罪収益の規則等に関する法律等の一部を改正」（「共謀罪法」）に関する通達のこと。

2人以上の「共謀＝計画」があれば、組織的犯罪にする悪法

「依命通達」は、「共謀罪」は、テロ対策でもなんでもないことを証明しています。「組織犯罪《そしきはんざい》対策法《たいさくほう》」という法律があります。略して「組対法《そたいほう》」です。そのなかに「共謀罪」が改悪されて入った

のです（注6）。「組対法」は、組織犯罪、暴力団、ヤクザの類の犯罪を、普通の犯罪よりも1・5倍重くする法律です。この「組対法」という言葉はしっかり覚えておいてください。

みなさんは、これからも、貧困をなくす闘いを、いろいろな団体や組織の一員として、一緒に活動するでしょう。そうなるとこの「組対法」の対象になる可能性が出てきます。「組対法」の中で指摘している「組織」というのは、2人以上で継続的に役割分担するなどして、犯罪を起こすという意味です。集団とは組織性を要件としない複数の結合という意味でしかないのです。

生健会の「規約」がどうなっているとか、どんなかたちで入会手続きがおこなわれたとか、そういうものは要件ではありません。1人で犯罪をやるのか、2人以上でやるのかの違いだけです。2人以上でやる場合は、誰がどうするのか、どのように実行するのかという相談を続ける、そういう継続性《けいぞくせい》を持っておこなわれる、そういう実体を持つから「共謀罪」の対象にすると言っている。

その2人は、生健会の会員か、そうでないかは、何の関係もありません。組織の一員でないから組織犯罪の対象から外《はず》すという規定はいっさいありません。

たとえば、ヤクザに入るとき、入会の誓約書みたいなものを書いて、組織の一員になる。しかし一緒についてまわる若い子らは組織の一員ではない。それはヤクザ社会では通用することかも知れませんが、「共謀罪」では通用しません。1人か、それとも2人以上か、これだけです。これを問題視するのです。2人以上が力をあわせて犯罪をおこなったかどうか、そこだけで区分するのです。

「依命通達」では、「1人でやるより、2人以上でやると、その犯罪の深刻さ、重大さの社会的影響が大きいという類型《るいけい》になる」「したがって2人以上で犯罪をすれば、1人でやるよりも1・5倍の重い処罰をする」これがこの法律の目的だ、とはっきり記《しる》しています。

先日、1人で起こした犯罪で大変なことがありました。相模原《さがみはら》の知的障《ちてきしょう》がい施設《しせつ》の事件です。19人が殺害された。この事件からも、「1人よりも2人以上のほうが重大であり、社会的な影響は大きいのだ」というのはまったくの空論です。なんの法律の正当性も、なんの理論的な裏づけもない。

そうすると組織犯罪はどういうことを想定して制定されたのか？

「組対法」は10数年前に制定されました。ヤクザを対象にしたものだとされています。ミカジメ料を商店街の店1件ずつから取っていくとか、覚醒《かくせい》剤《ざい》を密売《みつばい》するとか、売春を管理するとか、そういう組織犯罪をイメージして作られた。この種の犯罪は1人ではできません。集団で、組織で、暴力団という力を背景にして実行します。ところがこれを退治《たいじ》するのはなかなか困難です。

ある商店街の店のママさんに警察が、「あんたらをバックアップするから、ミカジメ料を払うのを拒否しろ」と言ったとする。しかし、そんなことを恐れない人は稀《まれ》です。ヤクザが入ってきて、他の客がその店におれないくらいの大声を張りあげ、ママさんを脅す、するとママさんは警察に通報する。ところが通報された暴力団員はなんとも思っていません。彼らは陰湿《いんしつ》です。椅子をこわせば器物損壊罪《きぶつそんかいざい》です。それで逮捕されたってすぐ釈放です。彼らはそのことを知っている。そういうことがあるから組織犯罪処罰法は「1・5倍の重さで処罰する」という法律なのです。組織犯罪処罰法が、1人よりは、2人以上のほうが犯罪として重罪《じゅうざい》であり、重罰《じゅうばつ》とするのは、その犯罪が深刻であり、社会的影響が大きいからです。

しかし「1人より、2人以上の犯罪は重大だ」という点だけで判断すれば誤りが生《しょう》じます。相模原の施設の事件は1人で起こした。あれ以上の凄惨《せいさん》な組織犯罪があったかといったら、ほとんどありません。だから1人より2人以上でおこなう犯罪は、1人より罪が重いとする組織犯罪処罰法を「共謀罪」に取り入れるのは法的に妥当性がないのです。

（注6）「依命通達」の第2本法の概要《がいよう》には、「（「共謀罪」の）第6条の2第1又は第2項の罪の新設」として、第6条2の第1項の罪は（i）テロリズム集団その他の組織犯罪集団の団体の活動として、当該行為《とうがいこうい》を実行するための組織により行われるものの遂行《すいこう》を、（ii）2人以上で計画し、（iii）その計画をした者のいずれかによりその計画に基《もと》づき資金又は物品の手配、関係場所の下見その他の計画をした犯罪を実行するための準備行為が行われたときに成立する」と書かれている。団体活動は「団体の意思決定に基づく行為であって、その行為又はこれによる利益が当該団体に帰属するものをいう」としている。

暴力団とテロリストの違いは、どこにあるのか

もう一つ、ヤクザの活動とテロリストの活動は市民社会から見れば迷惑度は同じですね。ところがテロ集団は自分の利益のためにやってない。ここがヤクザと決定的に違う。

中東などでは子どもの体に爆弾をつけさせて自爆させる。テロリストの目的は、どこかで利益を得ようとか、お金を払わせようとか、という利得《りとく》犯《はん》（詐欺《さぎ》、恐喝《きょうかつ》などでお金を要求したり、だまし取ったりする犯罪者）とはまったく違います。ヤクザは、利得犯以外のなにものでもない。金にならんと思ったら、止めるのです。

わたしも、なんどもヤクザを相手した事件を対応しました。暴力団員と結婚したが、耐えられずに「逃げたい」といって相談に来た女性がいました。すぐ警察に告訴《こくそ》した、でもブレーキがかからない。ヤクザの嫌がらせが止まらない。ヤクザは警察なんか怖くないのです。

「人をどついても（殴っても）、傷害罪《しょうがいざい》や罰金ですむんや」とタカをくくっている。ヤクザは犯罪の相場を知っているのです。多くの市民はヤクザを恐れている。ヤクザから被害を受け、警察へ告訴したとする、それをしたとたんに、もうほとんど

の人が「自分の人生が終わりになるのと違うか」ぐらいに心配になる。だから被害者の多くはわたしたち（弁護士）に「頼むから、告訴せんといて」と懇願《こんがん》するのです。ヤクザは告訴されても、「警察なんか、なんぼでも行ったるやんけ」って感じなのです。まったく警察を恐れない。

ところが、「あたしは被害を受けた」「これこれの治療費がかかった。そやから慰謝料50万円を払え」とヤクザ相手に裁判を起こし、「50万円を支払え」と判決が出されたら、ヤクザは、もうそれだけで恐れをなすのです。なぜか？　彼らは金を払わされることが、自分の身体を切り刻《きざ》まれるくらい痛いと思っているのです。それが利得犯の特徴です。テロリストとは質が違うのです。

「依命通達」には、「共謀罪」が組織犯罪の暴力団対策に「もしかしたら、使えるかもしれない」と書いています。ところが「組織犯罪処罰法」によって、テロリスト対策が進むようになりました、とはひとことも書いていません。

東京新聞がこのことを明らかにしています。**「『テロ対策だ』と安倍首相が言って、『共謀罪』をつくったとき、組織犯罪処罰法に『テロ』の言葉をつけたしただけだ」「『共謀罪』に組織犯罪処罰法の言葉をつけたしたら、それで法律は変わるのか？　なにも変わらない」**という批判記事を書いたのです。

対象は個人的話し合いも含む

国会では、「テロ対策だ」、「団体規制《だんたいきせい》だ」、「市民には関係ない」という議論に終始しました。「団体が拡大されたら、市民まで及《およ》ぶんじゃないか」と心配する議論に追いやられた。それに終始したのです。

おそらく、みなさん方もそうでしょ？「団体規制っていうが、政府や警察が団体を認定するときに、それを拡大解釈《かくだいかいしゃく》したら、わたしたち善良《ぜんりょう》な市民までまき込まれるのと違うか。だから『共謀罪』に反対せんとあかんなあ」と思っていたのではないのではないでしょうか。そのような人が圧倒的に多かった。

しかし、団体規制に利用されるのは否定されないけれども、**２人以上が計画したら、それが「共謀罪」の対象です。**その計画が、「今度の日曜日に２人でハイキングに行こうか」とか、「２人でキノコ採りに行こうか」とか、そんな相談自体が、実は捜査の対象にされてしまうのです。２人の計画が、テロ的か、もしくは犯罪的か、「共謀罪」の２７７項目（市民団体に関する条文は別紙資料参照）にのぼる犯罪を計画したかどうかは、**２人以上で計画したかどうかが問題なのです。２人以上の計画が「共謀罪」になる。「共謀罪」には、「団体構成員」という条文はないのです。「共謀罪」はテロ対策でもなんでもない。団体規制に限定されない。個人の日常会話や通信なども対象になる最悪の法律なのです。**

「共謀罪」がめざすもの

「治安維持法《ちあんいじほう》」の暗い時代へ

では、個人が対象にされたらどうなるか？　たとえば２人以上の家族の場合、夫婦、親子、兄弟、家族のなんらかの相談ごとに警察がそば耳をたてているとなると、これはもう社会の中で息をひそめて暮らす以外にありません。自由にものを言うことができなくなる。

みなさん、『少年H』（注7）という映画を見られましたか？　太平洋戦争中の映画です。「戦争は反対だ」という、そんなことはまったくない作品です。お父さんが洋服をつくっている家の、イニシャルがHという息子の物語なのです。

そのお父さんが、日本にいたドイツ人やユダヤ人などの洋服の仕立て直しをやってあげ、それがきっかけで彼らと交流する。お父さんは偏狂《へんきょう》（ひとつのことに対し、異常にこだわること）な民族主義者（自分の民族がいちばん優《すぐ》れていると、自分の民族の利益などを最優先に考えて行動を起こす者）ではありません。けっこう外国人と触れあう場面も描かれている。ところが戦争末期になると、そんなお父さんも、どんどん戦争協力者になっていくのです。

しかし日本が敗れたあとお父さんは茫然《ぼうぜん》とします。「いったい、自分はなんという生き方をしていたのか」、「なにを目ざして生きてきたのか」とね。それでも最後にお父さんはふたたび生気《せいき》をとり戻す。そういう映画でした。

なにが言いたいかというと、あの映画のすごいところは、あのお父さんが小林多喜二《こばやしたきじ》（注8）のような人では、けっしてないということなのです。多喜二のように戦争反対を主張し、投獄《とうごく》され、特《とっ》高警察《こうけいさつ》（注9）によって凄惨《せいさん》な拷問《ごうもん》を受けて虐殺《ぎゃくさつ》されたという、あの恐ろしい時代の、わたしたちの先達《せんだつ》ではないのです。普通の人なのです。そんな一般市民がまき込まれていく戦争体制《せんそうたいせい》というのは、いかに残虐《ざんぎゃく》なものであり、人の心を歪《ゆが》めていくものか、『少年H』を観て、私は思いました。

あの戦争時代の社会を反映するものとして、新聞の復刻版《ふっこくばん》なんかを見ていただくといいですよ。治安維持法《ちあんいじほう》（注10）のことも書いてあります。しかし別のところには戦争中であっても、「不動産を売ります」などそういう広告もちゃんと出ている。みんなが社会生活を止めてしまって、軍国主義だけでやっているのではありません。みんなコツコツと日常生活を送っている。戦争中であっても普通の生活を営《いとな》んでいるのです。

でも、やっぱり戦争中です。空襲警報《くうしゅうけいほう》が鳴ったら防空頭巾《ぼうくうずきん》をかぶって防空壕《ぼうくうごう》に入る。夜は灯火《とうか》管制《かんせい》（夜、空襲に備えて、電灯を消したり、覆《おお》ったりして、光が漏《も》れないようにすること）で電灯を消す。だからなり暗い生活を強《し》いられる。しかし日常生活は続く。八百屋に買い物に行けば「ああ、奥さん。これ、この大根、安いで」と店主が言う。すると「ああ、そう、ほな買うわ」と奥さんが大根を買う。こうした日常が続いているのです。しかしその社会の中では「治安維持法」は、いったいどんな役割を果たしたのか？

たとえばある家庭で、「あの三軒どなりの学生さんは、いつも一所懸命《いっしょけんめい》に本を読んでて、賢《かしこ》そうやったけど、昨日、警察が来て、連れて行かれたんやて、あの学生、赤《あか》（共産党の蔑称《べっしょう》）やったらしいわ」とヒソヒソ話をし、そのあと両親が息子や娘に向かって「ええか、おまえたち、あんなんと、つきおうたら、あかんで、気イつけや」と注意する。子どもらはうなずく。**こうした光景が戦前の「治安維持法」のもとで、みんなの考え方を変えていく。これが「共謀罪」の本当の狙《ねら》いなのです。**

（注7）原作・妹尾河童《せのおかっぱ》、監督・降旗康男《ふるはたやすお》、２０１３年公開作品。

（注8）小林多喜二：１９０３〜１９３３　プロレタリア作家。日本共産党員。スパイの密告によって特高警察《とっこうけいさつ》に逮捕され、逮捕後、数時間にわたる凄絶《せいぜつ》な拷問《ごうもん》を受けて虐殺《ぎゃくさつ》される。警察は多喜二の死因を「心臓麻痺《しんぞうまひ》」と発表したが、彼の全身は異常に腫《は》れあがり、とくに下半身は内出血によって濃紺色に変色していた。代表作は『蟹工船《かにこうせん》』『党生活者』『一九二八年三月十五日』。プロレタリアとはドイツ語で「労働者」または「無産者《むさんしゃ》」の意味。

（注9）特高警察《とっこうけいさつ》とは特別高等警察《とくべつこうとうけいさつ》の略。現在の公安警察《こうあんけいさつ》の前身。公安警察は、①集会・デモ・対象人物の視察内定《しさつないてい》と監視、②聞き込み・張り込み・尾行、③工作（情報提供者などのスパイをつくる）、④投入（組織に潜入して情報を集める）などを任務としている（参考文献：国民救援会編『80問80答　弾圧との闘い』、青木理《おさむ》著『日本の公安警察』講談社現代新書）

（注10）治安維持法：１９２５年に成立。天皇制政府が制定《せいてい》した国民を弾圧《だんあつ》する法律。最高刑は死刑。これによって、共産党員が根こそぎ逮捕され、組織を破壊《はかい》された。さらに弾圧は社会主義的《しゃかいしゅぎてき》、自由主義的《じゆうしゅぎてき》な思想をもつ団体や個人、そして宗教団体にまで及《およ》んだ。逮捕された者は凄惨《せいさん》な拷問《ごうもん》をうけ、多くの死者をだした。治安維持法による逮捕者は数十万人、

送検者《そうけんしゃ》は７万５６８１人、起訴《きそ》は５１６２人。拷問や過酷《かこく》な獄中生活《ごくちゅうせいかつ》による犠牲者《ぎせいしゃ》は、判明しているだけでも１６８２人にのぼる。この法律は１９４５年に敗戦と同時に廃止《はいし》される。

（参考文献：奥平康弘《おくだいらやすひろ》著『治安維持法小史』岩波現代文庫、荻野富士夫《おぎのふじお》著『特高警察』岩波新書、『日本共産党の80年』日本共産党中央委員会）

「共謀罪」は、まともにものが言えない社会にする

生健会は低所得者の権利を守り、貧困からの解放の闘いの先頭にたち、多くの人がまっとうに生きていくことができる世の中にするために運動をされています。人間らしく生きる権利を守るために運動されていますね。とくに大阪では大生連は権力《けんりょく》と向きあっている。

しかし権力者は、「貧困世帯や生活困窮者《せいかつこんきゅうしゃ》なんか、そういうやつらは、疲弊《ひへい》（疲れて弱ってしまうこと）したらええんや」とか、「生活なんか潰《つぶ》れたら、ええねん」とか、「なにが権利や、なにが生存権や」とか、あるいは「そんなこと、なんで国に要求すんねん」と思っているでしょう。

その意味で、生健会は国家から見れば、もっとも敵対的であり、国家に対立的な市民団体でしょう。目《め》の敵《かたき》にしているでしょうね。だから「なんとしても『共謀罪』を適用してやろう」と思っている可能性が強い。大生連はそういう当事者性《とうじしゃせい》をもっています。脅しではないですよ（笑）。

もし、生健会が「共謀罪」が適用されたら、みなさんはどう闘うかを考えておかなければなりません。したがって「共謀罪」の果たす役割をしっかり見ておかなければなりません。

これまでなら「なんや、いまの政権はひどいな、こんど抗議集会があるさかいに、わたしも行くわ、行って反対の声をあげたるわ」みたいなことを今なら言えますね。ところが「共謀罪」はそれを言えなくしてしまうのです。

わたしは、日本は世界で10本の指に入るぐらい

の自由な国だと思っています。わたしは、自分の言葉で自分の思いを言えなかった、抑圧された、ものも言えず、ひとりですすり泣いたって（笑）、そんなことは一度もありませんでした。自由にものを言い、いろいろな思いをぶつけてきました。闘っているなかで、もし誰も応援にきてくれなかったとしても、「1人で権力に向かっていったろか」という気概《きがい》は持ち続けています。そういうことができる国なのです、日本という国は、今は。

しかし「共謀罪」は、お互《たが》いの目と目で合図しあっても、もうそれ以上のことは言わないでおこうという、そんな効果をもたらす、「モノ言えば唇《くちびる》さむし」の社会にしてしまう。社会全体が暗闇《くらやみ》でつつまれてしまう、暗雲《あんうん》がたちこめ、晴れることのない社会になる、そういう効果も、ちゃんと見すえ、腹をすえ、さらなる闘いをおこなっていくことが求められます。

これから、どんな攻撃をしかけてくるのか

警察の捜査はどうなるか

先ほどお話ししたとおり、「共謀罪」の本質は2人以上の計画罪という犯罪です。しかし犯罪というのは警察がなんらかのかたちで探知《たんち》（隠《かく》されているものや、容易《ようい》に知りえないことを探《さぐ》って知ること）しなければならない。犯罪が存在したら警察はその犯罪が発生したことを知らないといけません。

扉《とびら》を開けたら遺体《いたい》があった。その遺体は病死なのか？　自殺なのか？　それとも他殺なのか？　他殺だとすれば、その犯罪がどうして起こったのか、となりますね。そうするとその犯罪は誰が、どうやって、どんな手段でおこなったのか、これを解明するために捜査をします。だから警察は犯

罪のあとで事後的《じごてき》に行動を起こすのです。

「共謀罪」はそうではありません。「共謀罪」は、２人以上の「計画罪《けいかくざい》」として犯罪規定《はんざいきてい》しており、今後、警察は、「いつ、どこで、誰と誰が、どんな共謀をしたんだろう」と、これをつかむことが必要になったのです。**「共謀罪」は人の心の中まで犯罪にする法律です。だから２人以上で相談をしたら犯罪になる。犯罪をおこなう前の相談という、その痕跡《こんせき》のない行為を犯罪にしてしまうのです。**

しかし、いくら国家権力でも、国民の１人ひとりの行動・言動・趣味・思考・政治意識などの、そうした内心（表に出さない気持ち）をすべて調べるのは不可能ですね。だから捜査機関はそういうものが手に入るようなやりかたをする。盗聴や通信傍受《ぼうじゅ》とともに、スパイと内偵《ないてい》（ひそかに相手の状況を探ること）を重視するのです。

どこかに集まって国家権力にとって危険な話をしているから、それを察知《さっち》するために警察は集団のなかにスパイを入れておく。盗聴器《とうちょうき》を仕かけておく、あるいは密告《みっこく》を奨励《しょうれい》する、そうしないと警察は探知《たんち》できないからです。これからは盗聴や通信傍受《つうしんぼうじゅ》がこれまで以上に進められるでしょう。

警察は尾行目的で調査をしている人の車にＧＰＳ発信器（人工衛星を利用した位置情報を計測する機械）をつけることもやりかねません。

実際にこれがやられた。警察が犯罪をした人の車にＧＰＳをつけたのです。それで取りつけられた人は、それ以後、自分が行くところ、行くところに、必ず警察がいるから、「どうも、おかしい」と思っていたら、逮捕されてしまった。逮捕後、そのことを弁護士に話したのです。弁護士が警察の資料を調べたところ、資料の中にはＧＰＳを車に装着《そうちゃく》してあることが書いてあったのです。どこに行ったとか、次はここへ行ったとか、そこには誰といたかとか、そんなことが書いてあるのが判明した。それで弁護士は「警察は誰の許可を得《え》てやったのか」と追及をした。これは大きな社会問題になりましたね。裁判にもなった。最高裁《さいこうさい》では裁判所の令状のないGPS捜査は違法《いほう》であると判決が下されました。個人の行動の自由、見張られない自由、尾行されない自由は万人にあります。刑事裁判《けいじさいばん》の証拠に使うには裁判所の許可が必要なのです。ところが警察庁はいまだにGPS発信機を「証拠には使わない」「やめておく」とは言っていません。証拠に使わなければいい、つまり秘密にやればいい、という考え方なのです。

戦前の小林多喜二が虐殺された時代、特高警察のやり方はもっぱら尾行でした。今はGPSをつけるだけでどこにいるのかが手にとるように分かるのです。みなさんも自分の車をよく見て調べておいてくださいよ（笑）。

ある人がわたしに「『共謀罪』は大したことないよ。戦前のような野蛮《やばん》で文化的に低い時代とちがってね。尾行なんて」と言った。違いますね。戦前よりも怖《こわ》い時代になっているのです。警察が歩いて尾行するなんて、その物理的な範囲は限られていますよ。知らないあいだにGPSを装着《そうちゃく》され、あるいはカバンなどに発信機を入れられたら、もうどこまでも追跡できるのです。携帯《けいたい》のメールもそうですよ。どのメールも、みんな見られている可能性は十分にあります。

こういう捜査はこれまでだったら「犯罪予防権《はんざいよぼうけん》限《げん》の捜査への活用は権限乱用《けんげんらんよう》だ」と言えた。これからはちがいます。犯罪予防のためか「共謀罪」の捜査なのかの区別が実質的につかなくなるからです。「共謀罪」後の警察活動はこれまでとは違ったものになるのです。

今までは警察が裁判所に証拠として使える資料は、裁判所の許可を必要とするものであり、適正な手続きをしているという証明がないと、刑事裁判では証拠として採用されませんでした。これからはちがう。なんでもありになる可能性すら否定できないのです。

行政警察《ぎょうせいけいさつ》（公共の安全や維持する目的を任務に活動する警察）はなんでもできるようになります。「これは証拠に使えないが、社会の安全のためにやる」といえば全部できるようになる。そいう行政警察の捜査活動と司法警察（犯罪が行われた場合に犯人や証拠を捜査し、被疑者を逮捕する活動を任務とする警察）の捜査活動が一体化《いったいか》して強力な捜査が可能になったのです。社会の「安全」のためにという理由でね。

だから、家宅捜索のときや逮捕されるときは、これまでは「令状がないやないか」と争ってきた。**これからは令状なしでも「調査」できる。その可能性が大きいのです。**

内通者《ないつうしゃ》（スパイ）をつくり、組織を内部から潰《つぶ》す

法務省刑事局長通達《ほうむしょうけいじきょくちょうつうたつ》は、「共謀罪」にかかわった「犯人」が自首すれば、それが事件の計画に着手《ちゃくしゅ》する前であれば、「何人《なんびと》でも自首は受け入れますよと書いてあります。それらの人には、「刑を免除《めんじょ》するよ」と明記しているのです。

集会でAさんが、「今の政権は許せん」とみんなに話し、次の日曜日、東京駅に集まって「みんなで国会に突入しよう」と言ったとする。そのとき集会にいたBが警察に自首してきて「みんなで集まっていたとき、Aさん1人だけが、ワアワァと喚《わめ》いていましたで、そのときはねぇ、そのうちの何人かは『それは、そやなと』と同調していましたわ」と喋ったとする、これでもう「共謀罪」は成立です。

では、Bはどうなるか？　密告したBに対して警察は、「よし、よし、おまえは、その中におったけど、自首してきたさかいに、刑罰は免除したる。そのかわり、その集会には誰と誰がおったんか、そいつらの名前はなんというんや、全部、言え」と強要され、ありもしない「乱闘を起こそう」

などという話を自白させられる。そんなことができるようになったのです。

それに自首した人が絶対に事実・真実しか言わない保証なんてありますか？　ありませんよ。「作り話」というのはね、大きいホラ話の方が警察にとって都合がいいのです。だから裏切った者はなんでもかんでも喋ってしまうのです。ウソもね。自己防衛のためにね。それがスパイの宿命なのです。そして警察はその話をさらに大きくする。でっち上げるのです（注11）。

「共謀罪」の始まりは、「大逆事件《たいぎゃくじけん》」

近代日本の歴史のなかで、「共謀罪」のはじまりは、幸徳秋水《こうとくしゅうすい》（注12）を首謀者《しゅぼうしゃ》とした「大逆事件」です。大逆事件とは、明治43年（１９１０年）、天皇の暗殺を計画したといわれる、当時の権力者のでっち上げ事件です。20数名が逮捕され、そのうち幸徳秋水や管野《かんの》スガ（注13）をはじめ、11名が一週間後に死刑《しけい》（注14）になりました。

（注11）「組織的な犯罪の処罰及び犯罪収益の規制等に関する法律」（「共謀罪」）に問題の第6条の2が新設された。次の通り。

「（テロリズム集団**その他の組織的犯罪集団**による実行を伴《ともな》う重大犯罪遂行《じゅうだいはんざいすいこう》の計画）第6条の２〔略〕罪に当たる行為で、テロリズム集団その他の犯罪組織〔略〕の団体の活動として、当該行為を実行するための組織より行われるものの遂行を**２人以上で計画した者**は〔略〕その計画をした犯罪を実行するための準備行為が行われたとき、当該各号に定める刑に処する。ただし、実行に着手する前に**自首した者は、その刑を減刑し、又は免除する**」。その他の犯罪組織が市民団体などを対象にしている。

彼らはなにもしてなかったにもかかわらず処刑《しょけい》された。天皇の暗殺を計画した罪で。しかし、計画はあくまで計画です。実行していない。幸徳秋水は暗殺なんか考えていませんでした。この事件での逮捕者は20数名にもおよんだのです。話に加わっていない人まで逮捕された。これが「共謀罪」の行く末です。

「共謀罪」はそれよりもっと恐ろしい。対象は「治安維持法」のような思想犯だけではない。「何でもいいから犯罪にしてしまおう」、これが「共謀罪」なのです。思想的なこととは関係なく、よからぬことや犯罪を考える人間はすべて敵と位置づけるのです。

（注12） 幸徳秋水：本名・幸徳傳次郎《でんじろう》。１８７１年生まれ、１９１１年に大逆事件によって処刑される。ジャーナリスト、無政府主義者。無政府主義とは、個人を最優先におき、国家の存在を否定する思想。国家を破壊すれば資本主義はつぶれると考えた。この思想をもとに政治の闘いの参加を否定し、もっぱら労働組合のストライキの闘いに重きをおいた。（参考文献：森宏一編・著『哲学辞典』青木書店、D・ジュリア著『哲学辞典』弘文堂、中村文雄著『大逆事件と知識人』論創社）

（注13） 管野スガ：１８８１年生。新聞記者、作家、女性解放運動の活動家。１９１１年1月25日に大逆事件に連座《れんざ》して絞首刑《こうしゅけい》になる（参考文献：中村文雄著『大逆事件と知識人』論創社）。

（注14） 大逆事件の犠牲者：死刑24名、有期刑２名の判決が下された。幸徳秋水以下11名の死刑が執行《しっこう》され、翌日、管野スガの死刑が執行された。その他の者は、減刑《げんけい》され無期懲役《むきちょうえき》になったが、過酷《かこく》な牢獄生活《ろうごくせいかつ》によって、５人が獄死《ごくし》している。

「共謀罪」は個人の自由をがんじがらめにする

犯罪統計《はんざいとうけい》が発表されていますが、日本の犯罪は減っています。理由は、「防犯《ぼうはん》カメラと犯罪防止のボランティア活動」、これが大きいのではないかと犯罪統計の本に書いてあります。

犯罪防止のためのボランティア活動というのは、小学校の通学路におじさんが立っていて「おはようさん」と言う、ああした活動もふくまれます。あれをやっている人は気持ちがいいでしょうね。満足感がある。自分は「子どもの安全を守っているのだ」という自負がある。それは大変にいいことだと思います。いっぽう防犯活動は社会正義の最前線の活動だ、ということも見ておかなければならない。

犯罪防止のためのボランティア活動をしておられる人の中には、家で子どもとうまくいっていない家庭もあるだろうし、子どもが引きこもっている人もおられるかも知れない。そんな悩みも持ちながらも、やっておられる人もいるのではと思います。

これからはなにしゃべっても共謀にされるもん

しかし、ボランティア活動をやっている人は、「自分はなんの傷も、なんの弱点も、なんの後ろめたい影もない」というふうにしていなければならない。もしも、防犯活動の先頭に立っている人が犯罪を起こして捕まったら、「なんや、あの人はそんな人間やったんか」と言われ、テレビのニュースに大々的にとりあげられ、近所からも攻撃され、はかり知れないほどのダメージを受けます。

「共謀罪」には家庭に問題や悩みを抱えていたとしても、防犯ボランティアのおじさんのようにきちんとしていて、それでみんなが「わたしたち市民は、犯罪《はんざい》を企《くわだ》てるような人間とは一線《いっせん》を引く社会にしましょう」と暗黙の了解をする、そんな自由のない社会にしてしまうのです。

さらに傷を持っている人に対して、「こいつは、いつ犯罪をするか分からない」「犯罪予備軍だ」と決めつけてしまう、そのことをみんなが言って憚《はばか》らない社会にしてしまうのです。「共謀罪」のもとでは、みんな大人しくていい子にしていようね、という社会にしてしまうのです。

人の心をどうやって裁《さば》くのか

「共謀罪法」は国会に3回も提出されました。今回は4回目でした。これまでの3回は自公政権が多数だったにもかかわらず廃案になっています。そういう珍《めずら》しい法案だったのです。国会で政権党が多数とっていたら、政権が法案を出せば必ず可決・成立されます。生活保護法改悪にしろ、年金法改悪にしろ、「戦争法」も通った。だけど「共謀罪」は3回も廃案になった。

　これはわたしたちの運動の成果でもあります。もう一つ見ておかなければならないことがあります。小泉純一郎が総理大臣のときに「共謀罪」が国会に提出されたとき、国会の議論で何が問題になったのか？　「これは『治安維持法《ちあんいじほう》』の再来《さいらい》やないか」という議論が出たのです。なぜそういう議論が出たのか？　「共謀罪」が人の内心《ないしん》を処罰する法律だからです。

　「こいつを殴《なぐ》ったる」という人がいたとしても、「殴る」と心の中で思っているだけでは日本の警察は絶対に動きません。殴られた人が110番すれば警察は動きます。酒場で殴られた人が「このおっちゃんの隣《となり》で飲んでいたら、オレとケンカになって、どつかれた」と言ったら警察は「そんなら、おまえ、来い」と暴力を振るったおっちゃんを連行します。「殴る」というのは、人の身体に対して、暴力をふるっているから、それは暴行罪になり、あるいは妨害罪《ぼうがいざい》になる。「殺したろか」と叫び、暴行をかさねたらそれは殺人未遂罪《さつじんみすいざい》になる。暴行の果てに相手が死んでしまったら殺人罪になります。これは、すべて自分の内心から出てきた行為によって、公益《こうえき》が侵害《しんがい》されるわけです。生命、財産、社会の安全が侵害されたときに刑罰《けいばつ》が科《か》せられる。

　ある男が「殴ってやる」と思って、メチャメチャ腹がたって、酒を飲みまくって泥酔《でいすい》して、そこで寝てしまったら、これ犯罪ですか？　なりませんね。ただ「思う」だけでそれが犯罪になったら大変です。その男が心の中で「あいつを殴ってやる」と思っていたのか、あるいは彼女のことを思い出して、「何とか会いたいなぁ」と思っていたのか、そんなこと誰にもわからないでしょ（笑）。

当時の小泉首相は「共謀罪」を強行採決しようとしたのですが、彼は「自分は戦前ではなくて、今の時代に『治安維持法』をつくった総理大臣と言われるのはイヤだ」と採決をしなかったのです。安倍首相は違いますね。彼はほんとうにひどい。

「共謀罪」が3度も廃案になったというのは理由があります。内容がデタラメだからです。心の中で「こいつ殴ってやろうか」と思っているだけの人をどうやって裁くのか？　その人の心の中を裁《さば》くのか？　それは心の中で悪いことをしようとしているのか？　それとも良いことをしようとしているのか？　それを誰がどのようにして判断するのか？　これが国会で議論になったのです。

自民党の中でも、「こんな法律をつくったら、自分らの身が危ないんとちゃうか」と心配する声もあったらしい。たしかに自民党員や自民党議員だからといって、けっして適用されないという保証なんて、なんにもありません。だから「共謀罪」は警察権力の支配をさらに肥大化させ、さらに強権化させてしまうのです。

「共謀罪」で生活保護はどうなるか

生活保護の精神と生活保護法違反について

みなさん。あまりにも低すぎる生活保護費、それをさらに切り下げようとする政府に対して、生活と健康を守る会のみなさんは生活保護世帯を代表して闘っておられる（注15）。

では、生活保護と「共謀罪」との関係はどうなるのか？

不正受給の問題ですが、生活保護《せいかつほご》の不正受給《ふせいじゅきゅう》は絶対にあってはならない。まず、このことを、みなさんとともに確認《かくにん》をしておきたいと思います（注16）。

保護費が低くて最低生活を営《いとな》むのにいくら困難であるといっても、不正受給をするのは許されません。生健会も「不正受給は絶対に許さない」と運動方針で明らかにされています。

みなさん方はご存じだと思いますが1950年に現在の生活保護法ができました。そのとき厚生省保護課長だった小山進次郎が書いた『生活保護法の解釈と運用』（注17）というおそろしく分厚い本があります。その本には生活保護の不正受給をしてしまう人をどう見ているか、どう扱《あつか》っているかが書かれています。不正受給については、きっぱりと正しいことではないと言っています。同時に生活保護は、生活保護利用者の「最低限度」の生活を保障しつつ、「自立助長《じりつじょちょう》」をめざす制度だとも書いてあります。生活保護法第1条に明記されている通り、「自立助長」とは「自立を助ける」ことですね（注18）。

この国に生きている限りすべての国民が生活保護を利用できる権利があります。国はその人たちの最低生活を保障する義務があります。国は国民が最低生活を維持《いじ》できなければそれを保障し、「自立」を促《うなが》す、これが生活保護の精神です。「おまえは『自立』してないからダメだ」と切り捨てにはできないし、そんなことをする制度ではありません。

例えば、お母さんが病気で生活保護を利用している。高校生の息子がいて、その息子がアルバイトをして2万円か3万円の賃金をもらった。しかしそれをそのまま黙っていたら、申告しなかったら不正受給になります。ここでケースワーカーが申告義務をきちんと教えることが大事ですね。高校生のアルバイトは、そのお金の使う目的（大学進学やクラブ活動の費用など）さえはっきりしておれば、一定の金額であれば収入《しゅうにゅう》認定《にんてい》されませんとね。「だからちゃんと申告しような」とケースワーカーは教えてやることが求められる。これが最低生活を保障することであり、自立を促すことです。もしケースワーカーがそれを教えなかったら、働いた収入は「不正受給」（生活保護法78条違反）として全額返還《ぜんがくへんかん》されかねない。

そのことを知らずに申告しなかった場合があったとする、そのときはケースワーカーが「いっぺんで返せとはいわんけど、毎月、できる範囲《はんい》で返していこうな」というふうな「自立」を助長するような「指導《しどう》」（注19）をするのか。それとも、「おまえのやったことは不正受給やないか！」「黙っとったんやないか！」「必ず申告せぇと言うたやろ！」「そのとき、あんたは、分かりました言うとったはずや！」「おまえは違反したんや、約束を破ったんや、警察に言うぞ！」という「指導」をするのか、生活保護法ではそこが問われます。そうすると被保護者に対する「指導」はまるっきり違ってきますよね。

生活保護の自立助長の中には、経済的自立だけではなく、日常生活・社会生活の自立も入っています。この精神にもとづく適切《てきせつ》な指導が求められます。その人が目覚《めざ》める、前を向いて歩む指導が必要です。生活保護法の不正受給があったとき、これをどう見るか、それがいちばん大きな問題ではないかと思います。

（注15）安倍政権は戦後最大の生活保護基準の引き下げを強行した。生活扶助費（生活費のこと）６７０億円（２０１３年～２０１５年のあいだに最大10％、平均６・５％の引き下げ）、住宅扶助基準１９０億円、冬季加算30億円の削減。この生活扶助費の引き下げに対し、全国で約2万人の生活保護利用者が審査請求をおこない、１０００人ちかくの生活保護利用者が提訴している。

（注16）生活保護法第78条による「不正受給」：２０１６年の不正受給の件数は4万３９３８件、生活保護世帯比２・７％。

「不正受給」でいちばん多いのが就労の未申告・過少申告。近畿のA市では、就労の未申告・過少申告を犯した保護世帯の実態を調査したところ、半数の世帯が生活保護開始前の借金問題を解決しておらず、その借金返しに当てていたことが判明。これらのケースは保護開始時に法テラスに申請し、弁護士に依頼すれば費用の負担がなく解決できたケースもかなりあった。以上のことから、福祉事務所が保護開始前に生活保護の権利と義務を、申請者に詳しく教示《きょうじ》すれば、「不正受給」を防げたケースがあった。

もう一つの問題は、多くの福祉事務所では厚生労働省の示している、1ケースワーカーの担当する保護世帯は80世帯以内の標準を満たしていない。ほとんどの福祉事務所では1ケースワーカーの担当数は100世帯以上を超えている、このためケースワーカーの過重労働が問題になっている。

また、生活保護予算は国が75%を支出し、自治体は25%を支出させられ、自治体によっては財政を圧迫しているところもある。

生活と健康を守る会は、生活保護の国家責任の原理（第1条）にもとづき、国が財政を100%負担し、ケースワーカーを増員し、生活保護利用者の自立をめざすべきと国に要求している。

（注17）小山進次郎著『生活保護法の解釈と運用』：1950年に現在の生活保護法が制定されたとき、当時の厚生省保護課長だった小山進次郎が書いた本。それまでの慈恵的《じけいてき》（お恵《めぐ》み、施《ほどこ》すこと）なものを一掃《いっそう》し、生活保護を申請する者、生活保護を利用している者の権利性を明らかにした。

（注18）生活保護法の4つの基本原理《きほんげんり》は以下の通り。

第1条（この法律の目的／国家責任の原理）「この法律は、日本国憲法第25条に規定《きてい》する理念に基き、国が生活に困窮《こんきゅう》するすべての国民に対し、その困窮の程度に応じ、必要な保護を行い、その**最低限度の生活を保障**するとともに、その**自立を助長**することを目的とする」

第2条（無差別平等《むさべつびょうどう》の原理）「すべて国民は、この法律の定める要件《ようけん》を満たす限り、この法律による保護を、無差別平等に受けることができる」

第3条（最低生活の原理）「この法律により保障される最低限度の生活は、健康で文化的な生活水準を維持することができるものでなければならない」

第4条（補足性《ほそくせい》の原理）「保護は、生活に困窮する者が、その利用し得る資産、能力その他あらゆるものを、その最低限度の生活の維持のために活用することを要件として行われる」「2　民法（明治29年法律第89号）に定める扶養《ふよう》義務者《ぎむしゃ》の扶養及び他の法律に定める扶助は、すべてこの法律による保護に優先して行われるものとする」「3　前二項の規定は、急迫《きゅうはく》した事由《じゆう》がある場合に、必要な保護を行うことを妨《さまた》げるものではない」

（注19）生活保護法上の「指導・指示」：第27条「（指導及び指示）「保護の実施機関は、被保護者に対して、生活の維持、向上その他保護の目的達成に必要な指導又は指示をすることができる」「2．前項の指導又は指示は、被保護者の自由を尊重し、必要の最少限度に止めなければならない」3．第一項の規定は、被保護者の意に反して、指導又は指示を強制し得るものと解釈してはならない」

「共謀罪」と生活保護の関係

現在、私たち弁護団が法廷で大論争をしている介護事業所をめぐる事件のことを話します。弁護団と事件を起訴した公安とやりあっている。公安とは大阪地検の公安部です。彼らは、はっきりと「われわれは公安の検事だ」と言っていました（注20）。

介護事業所で起こった生活保護の不正受給事件にもかかわらず、「詐欺罪」を適用するとして、まったく係わりのない生健会の事務所を家宅捜索した。事業所に働いていた4人が元生健会の会員だった。しかし、これは明らかに弾圧です。私たちは地検の公安の検事に抗議した。すると公安の検事は「いや、不正受給したお金から生健会の会費が払われていたことを追求している。だから生健会事務所を家宅捜索した」と言ったのです。「生健会が会費を払わすために団体ぐるみで不正受給を応援した」と言い張るのです。これは「共謀罪」ができる前の話です。できてからだったら、もっとそれを強力に主張するに違いないでしょう。

生活保護法85条（注21）では懲役は3年以下です。ところがほとんどの不正受給事件は「詐欺罪」を適用しています。「詐欺罪」は懲役が10年以下です。この違いは軽い重いだけではなく「共謀罪」との係わりもあるのです。

生活保護法の「不正受給罪」は「共謀罪」にされかねない。「共謀罪」の対象となる犯罪は4年以上の法定刑を定めている犯罪です。だから「詐欺罪」には「共謀罪」が適用されるのです。本人だけではなく、共犯であるとされたら、それにかかわった人（その人の相談にのり、生活保護申請に同行した人）にも「共謀罪」が適用される可能性がある。したがって生活保護利用者が不正受給をしたときに、何罪で問われるのかについて争うことが、これからは重要になってくるのです。

最高裁では、不正受給行為について「詐欺罪」の適応は違法ではない、という判例があるが、私は挑戦をしてみたい。「それは違う」と。不正受給は悪いことだ。絶対にあってはならない。しかし**生活保護の不正受給は生活保護法で対応すべきだ。「詐欺罪」で対応すべきではないと。**

今おこなわれている裁判では、生活保護の中で、大きい歪みであれ、小さい歪《ゆが》みであれ、それは刑法（「詐欺罪」）ではなく、生活保護法85条の適応で対処すべきである、と主張し続けています（注22）。

まだ判決が出ていませんので、裁判所が私たち弁護団の論争をどう受け止め、どういう判決を下すか、それは分かりません。私たちの主張（生活保護の不正受給は生活保護法85条で対処すべきという主張）を裁判所が取り入れるかどうか、その見込みがあるか、今のところ分からない。今回の事件の被疑者を「詐欺罪」の適応を前提に、裁判所は考えるのか。これはまた判決が下《くだ》された時点で、みなさんに報告もし、ご意見もいただきたいと思います。

（注20）国家を脅《おびや》かすと判断した事件に対応する検事。左翼政党、市民団体、右翼団体、新興宗教などの団体と個人を対象としている）

（注21）生活保護法第85条「（罰則）不実の申請その他不正な手段により保護を受け、又は他人をして受けさせた者は、三年以下の懲役又は百万円以下の罰金に処する。ただし、刑法（明治四十年法律第四十五号）に正条があるときは、刑法による。2　偽りその他不正な手段により就労自立給付金の支給を受け、又は他人をして受けさせた者は、三年以下の懲役又は百万円以下の罰金に処する。ただし、刑法に正条があるときは、刑法による」

（注22）生活保護法は２０１４年に「改正」。第78条は以下の通りになった。「不実の申請その他不正な手段により保護を受け、又は他人をして受けさせた者があるときは、保護費を支弁した都道府県又は市町村の長は、その費用の額の全部又は一部を、その者から徴収するほか、**その徴収する額に百分の四十を乗じて得た額以下の金額を徴収**することができる」

これから、どう闘っていくか

日常的な書類の整理と管理、定期的な弾圧学習

今後、もしみなさんの団体から生活保護法違反をした人が１人でも出れば、「詐欺」の「共謀」を適用して「組織的詐欺共謀罪」などとたいそうな罪名で捜索や呼び出しが行われかねないのです。地域の生健会はもとより、大生連、全生連までもが「共謀してるんやろう」と言ってくる可能性があります。そうするとみなさんたちの事務所で、いったい、どういうふうに資料などを保管し、どういうふうにして、弾圧対策をするか。このことが、きわめて重要な課題になってくると思います。

私は次のように考えます。まず、**組織資料などの書類の整理・整頓は日常からしておく。**１週間後ぐらいに「警察が来るかもしれへんで、危ないで」とそれから整理・整頓するのはだめです。日常的にきちんとしておくことが大事です。このことをぜひ心がけて下さい。とくに組織名簿、会計書類、議事録は注意して保管する。それくらい警戒しておかないと、押収されてから、「ああ、やっぱり『共謀罪』はすごいなぁ。警察は、えらいことやりよんねんなぁ」「えらいことなりましたわ」「うちの組織名簿、全部、取られ

ましてん」とあとになってから慌《あわ》てるのでは、それはもう遅い（笑）。

それだけでは済みません。警察はすべての会員に接触《せっしょく》してきます。「おまえら『共謀罪』でやられとうなかったら、生健会を脱退《だったい》せぇ」と脅《おど》す。そうすると「脱退届がどんどんきましてん。いつの間にか、もう支部がなくなりましてん」（笑）となってしまう。警察に好き放題やられる。そういう可能性もある。

「共謀罪」はそれくらい一網打尽にできる法律なのです。組織を破壊《はかい》をする法律です。「おまえは、1人以上の計画に賛成したのと違うんか、そうやろ、そうに違いないやろ」とすべての会員を取り調べの対象《たいしょう》にする。だから事務所に不要《ふよう》なものは置かない。「いつ弾圧で来られてもおかしくない」くらいに思って下さい。同時に弾圧学習も定期的におこなって下さい。

おかしくないというのは、どういうことか？犯罪的なことをしているからとか、犯罪的なことに近いことをしているからではありません。みなさんの活動はきわめて正しい運動をしておられるのです。でも警察権力はそんなこといっさい考えていません。まっとうな運動をしている生健会も弾圧対象にしています。

若い世代へ運動を引きつぐ課題

3回も廃案にしたが、4回目で法案が成立した。じつはここに矛盾があり、弱点があるのです。それがこの法律の廃止にむけ、「共謀罪」の適用を限定させ、そしてこの悪法をなくす社会をつくろう、という声をつくる土台だと思っています。

わたしたちはこの20年間、「共謀罪」をつくらせない運動を続け、悪法成立《あくほうせいりつ》を許しませんでした。議論の中でも「テロ対策やったら、『共謀罪』はあってもかめへんのとちがう」という声に対し、「違う。あんたも対象になっているんや」と言ってきました。わたしたちは、これから先10年間、この「共謀罪」と立ち向っていかねばと思います。反対運動の先頭にたってきた当事者としてがんばらないといけない。なぜ10年か？　みなさん。わたしは幾《いく》つと思っていますか？　69歳です。若いと言うか、年がいっていると言うか（笑）。それはともかく、10年後、私は確実に80歳ですよ（笑）。そこまで現役でがんばらないといけない。

このあいだ学習会に行きましたが、闘っている人の中には、私より年上の人が半分以上おられました。私と同じ年齢の人が半分の半分（全体の4分の1）、「こんな若い人が参加してんねんなぁ」そういう人が、残りの4分の1でした。

しかし若い人たちと一緒に考えて、お互いがやれること、感じることをぶつけあうというのができているかというと、なかなかできていません。そうすると年配者が「自分らの現役は終わりやから、しゃしゃり出ても。あんまり力もないし、もう、ええか、若い人に任《まか》せとこか」という声に対し、「そういうのんは、アカンで、絶対に」とわたしは言い、怒ってます（笑）。すると「ほんなら、どこまで、なにができんねん」と質問されます。わたしは「孫でも、なんでもいいから、連れて来い」と言ってやります（笑）。「わしらの運動はそこから始め、広めるしかないやろ」と言い続けています。

全然、知らない若い人たちの団体に声をかけて動いてくれるのだったら、わたしはいくらでも声をかけに行きますが、そういう人や団体はなかなかありません。だから「今度なぁ、お爺《じい》ちゃんが面白い話をするさかいに、いっぺん聞きにおいで」とソフトにね（笑）、集会やデモに誘《さそ》うのもいいですし、お爺ちゃんの話を聞いてくれたあと、若い人たちが「おっちゃんら、あんな話をするんやなあ」って感心してくれたらそれでいい。ともかく孫とかを連れてくる。そこから始めないと、今後10年、ここにおられるみなさんもふくめ、我々の世代がごそっと抜けていきます。この世の中からアバヨしてあの世に行ったら（笑）、ほんとうに運動の蓄積《ちくせき》も継承《けいしょう》もできなくなります。わたしたちの力で「共謀罪」を3回も廃案にしたその闘いの経験すら消えていくと思います。

「共謀罪」を通したとはいえ、その反対運動はものすごい威力《いりょく》と蓄積をもたらした。しかしそれを若い人に広めたかというと、そうではありません。そうするとわたしたち現役の者が「共謀罪はやっぱり危険だ。問題がありすぎる」と声をあげつつ、「共謀罪」反対運動の継続に力をつくさなければなりません。

憲法9条こそが最大の「テロ」対策

みなさん。**日本の「テロ」**（テロリズムの略。政治的な目的を達成するため、不法な暴力をもちいること）**対策でいちばん効果を発揮しているものはなんだと思いますか？ それは憲法9条です。**

大阪駅前で宣伝したとき、わたしは次のように言いました。「今から食事や、買い物に行くみなさん。みなさんがたは、今、ここが爆破されるのと違うか、テロで狙《ねら》われるのと違うか、そういう不安は誰も持たれていないでしょ？ 私も持っていません。だから、ここで演説しています。こんなところを爆破するのだったら、私はここへは来ません。なんでや、と思いますか？ その辺にいるお巡りさんがテロ対策で目を光らしているからですか？ 違います。日本国憲法第9条があるからです。日本の自衛隊が、なんぼ海外派遣《はけん》やというて、外国へ送り出されても、自衛隊員に対して、銃を撃つ、大砲を撃つことを厳しく制限しているからです」と訴え続けました。

じつは、昨日、学習会で憲法の話をしてきました。そこでも次のように話しました。

「みなさん。憲法第9条は理想論を書いたものとか、そんなお飾《かざ》りではないのです。9条がなければ日本の自衛隊はすでに外国でその国の人や、外国の兵士を殺し、自分たちも生命の危険に曝《さら》され、命を落とすのです。その可能性は十分あります。それを食い止めているのは、もちろん、わたしたちが続けている平和運動があるからです。それと憲法9条が頑《がん》としてあるからです。**9条が存在することこそが最大の『テロ』対策なのです。9条が日本国民に求めているのは、紛争《ふんそう》の当事国に武器を持っていくのではなく、医療機器や建設資材、教科書やおもちゃを持っていく、これが求められているのです。日本国はそうあるべきではないでしょうか。日本の災害救助隊なりが、紛争当事国へ行って、支援することではないでしょうか。そういう国を求めているのが憲法9条なのです**」と訴えました。

「テロ」対策は、憲法第9条にもとづく平和主義を徹底したら、どの紛争を起こしている国であれ、日本に対して「テロ攻撃をやってしもたれ」と思いますか？　思わないですね。**憲法第9条にもとづく行動こそが、日本を感謝される国、尊敬される国、頼りにされる国にします。これが最大のテロ対策です。**そういうふうにするため、どうするか？　この議論がなぜできないのか。いま、私たちがやるしかありません（拍手）。

「共謀罪」廃止をめざして、ともに闘おう

いずれにしても、みなさん方をはじめ、多くの団体が反対し、成立を阻止《そし》（防《ふせ》ぎ止《と》める）しようとした「共謀罪」は可決・成立し、施行《しこう》されました。今後、いろいろなところで深刻なかたちとなって出てくるでしょう。そこらを歩いている警察官が「あの2人はおかしい『共謀罪』だ」と検挙《けんきょ》する権限がもう与えられているのです。これに対して、私たちの準備はそんなにゆっくりしていていいはずはありません。

みなさん。生健会がなにか不測《ふそく》の事態《じたい》が起これ

ば、わたしたち弁護士に、ただちに連絡をしてください。緊密《きんみつ》な連携《れんけい》をとって行動しなければなりません。

みなさん。みなさんがたが、日夜《にちや》を分《わ》かたず活動しておられる「貧困からの解放の闘い」は、ますます重要になっています。今の日本社会の貧困は深刻どころじゃない。大阪はとくにひどい。ぜひ、がんばっていただきたい。期待しています。ともに社会変革をめざす仲間としてがんばりましょう。私もがんばります。このことを述べて話を終わります。どうもありがとうございました（拍手）。

質疑応答

（司会）先生、ありがとうございました。参加者のみなさん、先生がお話いただいたことで、質問がありますか。

もう一度、組織の管理についておしえてください

（質問者）事務所の整理とか、名簿とか財政資料とか、どうすればいいのですか。資料の管理は、金庫があれば別だけど、そんなもん買う金はないし（笑）、大変なことやなあ、と思っています。どういう方法でやったらええんか、どう対応していくんか、書類の管理自体は大変です。もう少し具体的に教えてください。

（伊賀弁護士）多分ね、今の心配はね、みなさんから出るだろうと思っていましたよ（笑）。それはいっぺん、みなさんたちで、いったい何ができるのか、それを出して欲しい。私がこう言ったから、それにしたがって、こうしたとやってみても、そ

の方法が相手に見破られたら、なんのためにやったか分かりませんよね。

この方法が絶対に大丈夫だとお墨付《すみつ》きを与えるやり方は、じつはなくて、それを見破られたら、全部ダメになりますから、そこが難しいところです。ぜひ、みなさんで議論してほしい。

こうしたらどうだろうか、どうなるだろうか、自分のところは、こうやって上手いことといったとか、そういう経験を積みあげていくのが大切です。臨機応変《りんきおうへん》に対応する。そうした対策には、わたしも参加します。

それと団結が大事です。組織内できっちり団結して、法律家や国民救援会と共に連絡を緊密《きんみつ》にして、一緒になって弾圧の対応をする、そういう対策が必要ではないでしょうか。

組織資料を押収するねらいは何か

（質問者） 名簿、財政資料、議事録など、その保管場所はどんなところに置いといたらいいのですか？　それと弾圧があったとき、わたしら役員まで弾圧がおよぶのですか？　教えて下さい。

（伊賀弁護士） まず、ひとつめに確認をしておきたいことは名簿《めいぼ》や会計帳簿《かいけいちょうぼ》や会議の議事録《ぎじろく》は、警察や権力側に渡す必要がないということです。先ほど、わたしは家宅捜索のとき、会の組織資料《そしきしりょう》を持っていかれないようにしっかり対策をして下さいと言いましたね。なぜか？　それらの資料は犯罪に関連する資料ではないからです。わたしは、けっして犯罪の資料だから隠しなさいと言っているのではありません。そこを誤解してはなりません。

生健会の組織資料というのは、なにもヤバイものでも、犯罪に使うものでも、なんでもないですね。きわめて正当な資料です。しかし弾圧をしようとする権力や警察から見ると、涎《よだれ》がでるくらい貴重な資料なのです。それを見て「へぇ、こいつが、こんな会に入っとたんかいな」と思いながら調べる。だからそのような資料を渡す必要はない、という意味で言ったのです。再度《さいど》、言いますが、組織資料をちゃんと保管するというのは、犯罪に関連する資料を隠蔽《いんぺい》（おおい隠す）する行為とはまったく違います。

大阪府警の公安警察が大生連を家宅捜索（2013年）したとき、大会議事録まで持っていきましたね。警察は「大生連は、いったい、どんな決議をしとんねん、どんなことを企《たくら》んどんねん」と調べるのです。それは組織を弾圧するためです。だから組織弾圧に繋《つな》がるような資料を取ろうとするのです。犯罪とは何の関係もない。したがって警察の手に渡らないような所に置いておく。そこは臨機応変にやる必要があります。

繰り返しますが、証拠隠滅《しょうこいんめつ》（証拠をあとかたもなく、隠してしまうこと）をしなさいと言っているのではありませんよ。生健会の財政資料や組織資料は犯罪に関する証拠ではないのです。しかし組織弾圧する側から見ると、組織の実態《じったい》がわかる資料は垂涎《すいぜん》の的《まと》（思わず涎《よだれ》が出るほどうれしいものが転じて、何としてでも手に入れたいものの意味）であり、彼らにとっては、組織を弾圧し、弱体化《じゃくたいか》させる、それほど嬉《うれ》しくてたまらない資料なのです。それを渡すような、そんな弾圧を受けたらだめです。闘いましょう。

逮捕されたら、どのように対応すればいいか

（質問者） 先生、もし、ボク、逮捕されたとしますよね（笑）。「共謀罪」でね。そんなとき、「国民救援会の弁護士を呼べ」「飯を食わせろ」「トイレ行かせろ」それだけしか言うたらあかん、それ以外は完全黙秘せえ、とこのあいだの弾圧学習会で、そう勉強しましたけど、そのときになったら、国民救援会の弁護士さんは捕まっているボクを、ほんまに守ってくれはるんですか（爆笑）。

「冤罪《えんざい》」の恐ろしさ

（伊賀弁護士） もちろん、守りますよ（笑）。このあいだ放火容疑をかけられて、逮捕された女性のこと、私たちが弁護した話をさせてください。

彼女は、無事、釈放されました。多分、不起訴になるでしょう。犯人ではないからです。冤罪《えんざい》だった。犯人でない人が冤罪で逮捕されれば、もう、無茶苦茶《むちゃくちゃ》やられますよ。

「こら、おまえやろ、おまえしかおれへんかったやろ」「あそこにおったんは、おまえだけやったんや」「おまえがやったんやろう」「おまえが、あそこにおったから火が出たんやろ」「お前や。間違いない」「そやろ！　おまえがやったんやないか。みんなそう言うてんねんからな」「早《は》よ、吐《は》けェ！」と過酷《かこく》きわまりない取り調べが延々《えんえん》と続いた。逮捕されたらこの繰り返しが続くのです。

さらに、「おまえは、この施設で働く前に、いろいろ仕事していたやろ、分かっているんやで、経歴詐称《けいれきさしょう》（経歴を偽《いつわ》ること）してたんやろう。お前の人生は、ほんま、滅茶苦茶《めちゃくちゃ》やないか、人を騙《だま》して、あそこに就職したんやろ、それを隠《かく》すために火をつけたんやろ」と人格を徹底的に踏《ふ》みにじられる、気持ちをズタにされる。「コラ、やったと言え」、「やったと言わんかい」それが何時間でも続けられる、そんな尋問が続く、彼女はそれをやられたのです。ここで精神的にフラフラになって、精根《せいこん》つきはて、「はい、やりました」と自白すれば、そのあとは、どうなるか？　それは、もう冤罪《えんざい》の成立ですよ。しかし彼女は「やっていない」を貫《つらぬ》き通した。それで釈放されたのです。

もし、彼女が「やりました」と言ったら、警察は「火をどのように点《つ》けたのか」「どんなふうに燃やしたのか」「燃え方はどうやったのか」を徹底して尋問します。今度は、「自白」した人を誘《ゆう》導《どう》するのです。その人は警察によって、つくり話しをさせられるのです。警察は都合のいいように話をつくるのです、でっち上げるのです。これが「冤罪」の正体です。しかしこの女性は凄《すご》かった。

逮捕期間というのは3日間です。だから、警察は裁判所に勾留請求《こうりゅうせいきゅう》を出す。すると、10日間も、20日間も勾留できる。勾留は最大23日間です。この間、がんばれば道は開けます。彼女も長期間にわたって拘留され、過酷《かこく》な尋問を受けました。しかし彼女は怯《ひる》みませんでした。一貫《いっかん》して放火を否認《ひにん》し続けました。

刑事が「放火したんは、おまえやろ」「おまえしか、おれへんやろ」そう言うと、「やっていません。あたしが、その部屋にいたのは、あたしが、その部屋の担任やからです。当たり前でしょ。なんで、その部屋にいたからと言うて、火を点《つ》けた証拠《しょうこ》になるんですか」とやり返しました。それが1週間も続きました。

頭の中まで逮捕状
計画し話し合っただけで処罰対象

次の1週間の尋問はどうなったか？　彼女のメールとか、アドレスに登録している者とか、彼女の知り合いとか、全員を警察は訪問して事情聴取《じじょうちょうしゅ》をおこなったのです。「あの女は、どんな性格やねん」「勤め先で、不満や文句を言うてなかったか」などなど、そんな聴取をやられたら「あいつは放火犯や、やりよったで」と言《い》いふらしているのと同じですね。

彼女は怒った。体中から、もの凄い怒りが噴《ふ》き出してきた。「なんで？　なんでやのん。なんで、あたしは、そこまでされなあかんねん」と。彼女は警察に「抗議文」を出した。わたしたち弁護団も抗議をしました。にもかかわらず、その次の1週間の尋問はさらにひどくなった。

「もう、おまえの人生なんか、おまえのその薄汚《うすぎたな》い人生は終わりや。おまえは敗北《はいぼく》ばっかりやのう」と刑事は罵《ののし》り続けた。しかし彼女は屈《くっ》するどころか、怒りはさらに増《ま》した。「絶対に、許されへん」と。

取り調べ拒否権《きょひけん》の行使《こうし》

(伊賀弁護士) わたしが接見したとき、彼女は「あたし、あんな取り調べ受けたくない」と言ったのです。それでわたしも「そんなんやったら、(留置場《りゅうちじょう》から) 出んでもええ」と言った。彼女は留置場から出ることを拒否したのです。

府警本部の留置場ですよ。留置場から取調室に行くのを拒否したのですよ。恐らくそんなことは府警本部が始まって以来のこと、初めてのことでしょうね(笑)。

みなさん。取調室に連れて行かれて「おい、コラッ、おまえ、やったやろ」「正直に言え、言わんかえ」そんなことを朝から晩まで、ずっと言われ続け、取り調べを受けたらどれだけ苦痛か、想像を絶しますよね。だから、彼女は腹をくくり「あたしは、行かへん」「絶対に、取調室には行かへん」と宣言したのです。そうしたらね、留置《りゅうち》管理官《かんりかん》と第一課の刑事があたふたし出したのです。

両者が揉《も》めるんですよ(笑)。

留置管理官が「出とうないと言うてるけど、どないしますねん」と刑事に問うと、刑事は「あかん、どうしても取調室に連れて行く」と声を張り上げる。すると留置管理官は「そんなん言うたって、取り調べ拒否する言うとるし」と言う。刑事は「そんなん、言われても、おれが困る。ともかく連れて行くんや」、そんな問答が続けられたのです。もう管理官と刑事は頭を抱《かか》えてしまった。

みなさん、これ、どう思います(笑)。それからも彼女は「(取調室には)絶対に行かない」と言い続けた。それで行かなくてすんだのです(驚きの声)。

取り調べ受任義務《じゅにんぎむ》(被疑者《ひぎしゃ》が取調べに応じるべき法的《ほうてき》義務《ぎむ》)があるか、ないかは、いまも法律論争《ほうりつろんそう》になっていて、ずっと続いています。**逮捕というのは、逃亡の恐れや、証拠隠滅《しょうこいんめつ》の恐れをなくすために、身柄《みがら》を拘束《こうそく》することです。しかし、そこから取り調べを受けるかどうかは、本人の「同意」がないと「取り調べを受ける義務はない」「取り調べ受**

任義務がない」、「いや、ある」という論争が今もされているのです。わたしたちはこれを実践《じっせん》（自分の信念《しんねん》にもとづく主義・理論などを、実際に自分でおこなうこと）したのです（注23）。

（注23）取り調べ拒否権：これについては現在も論争が続いている。取り調べ拒否権を主張している根拠は、自己負罪《じこふざい》拒否権《きょひけん》という権利。これは憲法第13条の「すべて国民は、個人として尊重される」を基本にしている。同時に、憲法第38条1項の「何人も、自己に不利益な供述を強要されない」も基本にしている。「個人として尊重される」とは、「個人の尊厳《そんげん》（尊《たっと》く気高《けだか》いさま。人間が人間らしくあること）」「人格（独立したその人の人間性）の尊厳」が最大限に尊重されなければならないという意味。（参考文献：前田朗『黙秘権と取調拒否権』三一書房、国民救援会編『80問80答 弾圧との闘い』）。

もう一つの「冤罪」事件の教訓

（伊賀弁護士）もう一つの冤罪事件《えんざいじけん》についてお話しします。東住吉区の放火冤罪事件を覚えておられるでしょう。夫婦が放火したため、娘さんが焼死したと断定されてしまった冤罪事件です。

娘さんを殺そうとガソリンをまいて、火をつけて、自分らは外へ出た、逃げ出した両親は無傷《むきず》だった、そんな話を警察によってデッチあげられたのです。そのために夫婦は20年間も刑務所に収監《しゅうかん》されました。

夫婦は再審請求《さいしんせいきゅう》（裁判の判決に対しておこなう不服申立てのこと）を起こしたのです。これが認められ、裁判になった。

裁判では、ガソリンをまいて、火をつける実験をしました。そうしたら、すぐ爆発が起こった。火をつけた人は、自白では、すぐ逃げたというが、その時点で、必ず大火傷《おおやけど》をする、逃げる余裕もなく、無事でおられるわけがない。このことが明らかになったのです。誰が見ても明らかな嘘だった。自白は警察のつくり話だった。でも、それを見抜けない裁判もあるのです。

もし、みなさんが逮捕されたとしても、わたしたちが本当に力のある、きちんとした弁護活動をすれば、たとえ「共謀罪」で逮捕されても、わたしたち（弁護士）がみなさんを守るし、守れます。逮捕されたときはね、私たち経験豊富な弁護士が何人もいますから安心して下さい（笑）。走りまわりますよ。弁護は完全にやりますよ。ただし、逮捕されてすぐに、ビビってしまって、あったこと、なかったことを全部ベラベラ喋《しゃべ》らなかったという前提ですよ（笑）。完全黙秘をしっかり守ってがんばってください（注24）。

しかし、そんなことにならないようにするのが重要です。警察が干渉してきたり、弾圧してきたり、そんなことをやって介入してきたら、それをみんなの力で蹴《け》散《ち》らすような団体になりましょう。その意味では**弾圧学習は定期的にやっておくことが必要**です。1年に1度ぐらいは実施する。逮捕されたらどうするかとか、家宅捜索されたら、どう対応するとか、継続的に学習会をしておく、このことが必要だと思います。

（注24）黙秘権の行使《こうし》は、①憲法第38条「何人《なんぴと》も、自己に不利益な供述を強要されない」、刑事訴訟法第198条2項の「取調に際しては、被疑者に対し、あらかじめ、自己の意思に反して供述《きょうじゅつ》をする必要がない旨《むね》を告げなければならない」にもとづく（前田朗『黙秘権と取調拒否権』三一書房、国民救援会編『80問80答　弾圧との闘い』）。

恐れず、侮《あなど》らず、勇気をもって、進んでいこう

（質問者）私は、相談を受けたら名刺を渡すんですけど、このあいだ警察から「あんたの名刺を持っている人を逮捕した」と連絡がありました。名刺を渡していいものか、どうかをお聞かせください。

（伊賀弁護士）あなたの名刺を持っている人が逮捕された。それで警察は電話をかけてきて、「ちょっと、あんたに聞きたいことあるねん」と言う、あなたが「なんで？」と尋《たず》ねる、警察は「あんたの名刺を持っているからなぁ」と言ったとします。そう言われたら、「いちいちそんなことでそっち（警察）に行けません。わたしは、あちこちで、いっ

ぱい名刺を渡しているし」と言えばいいのです。

それから「どんな件なのですか」と質問してください。おそらく警察は、「逮捕したその人の件で、あなたとその人がどういう関係があるか、ないか、それを聞きたい」と言うでしょう。そうしたら、あなたは「ああ、そんなん、わたしに、なんの関係もないです。だからそっち（警察）には行きません」ときっぱり拒否して下さい。

警察はフリーハンド（自由行動の意味）**に人のことを聞けません。だから、「何について、どんな根拠で、どういうことが聞きたいのか」と相手にちゃんと説明させせなければなりません。関係がなければきっぱり拒否できるのです。**

たとえば生活保護法違反で逮捕された人があなたの名刺を持っていたとする、警察は「あんたは係《かか》わっているのんか」と尋ねてきたとする、そこであなたは「それが、なんの係わりがあるというのですか？　私には何も関係ありません」と拒否することが大切です。そのあと、大生連と国民救援会と弁護士に連絡する。そういう対応ができる能力をみんなで学習をして身につけなければなりません。名刺は生健会の宣伝になる。だから大いに渡してほしいと思います。

2年ほど前、東淀川区の集合住宅の自治会の会長が殺害された事件がありましたね。同じ自治会の役員が逮捕されましたね。その人は不起訴になって釈放された。わたしはこの弁護もしました。

犯罪をしてない人がやったとされる「冤罪」づくりは、私たちは体を張ってでも、その人を守り抜かなければならないし、それは可能だと思っています。だって（この団地の役員は）犯罪をした証拠がないのです。やってないから、証拠はない、やってない人を犯人に仕立てるのは、証拠を偽造《ぎぞう》することです。デッチあげることなのです。その冤罪を晴らす闘いは、そんなに困難ではありません。

みなさんは、毎日、毎日、本当にお忙しい活動されていると思います。それでですね、もし、逮捕されたら、まあ、そうですね、「2週間ぐらい、ちょっと、留置場でゆっくり休んだろうか」というぐらいに、腹を決めてですね（笑）、そこで勉強もしてやろうか、というぐらいの気持ちをもって、腹をすえ、かまえて対応して下さい。必ず助けに行きますから（爆笑・拍手）。

みなさん。弾圧に対する警戒心を怠《おこた》ってはなりません。しかし恐れてはならない。恐れてしまうと、「弾圧されるぐらいなら、（警察に）なんでも協力しようか」みたいになる、その方がよっぽど怖い。恐れず、侮《あなど》らず、勇気をもって、これからもいっしょに頑張りましょう（拍手）。

「共謀罪法」は稀代《きだい》の悪法です。適用させることなく、廃止させましょう。

資　料

「組織的な犯罪の処罰及び犯罪収益の規制に関する法律」（「共謀罪」）で加えられた条文

（1）第二条二の一のイ

「死刑又は無期若《も》しくは長期四年以上の懲役若しくは禁固の刑が定められている罪（以下略）」

（2）第二条の五

「第六条の二の第一項又は二項（テロリズム集団その他の組織的犯罪集団《そしきてきはんざいしゅうだん》（下線およびゴシック体は大生連）による実行準備行為を伴《ともな》う重大《じゅうだい》犯罪遂行《はんざいすいこう》の計画）の罪の犯罪行為《はんざいこうい》である計画（日本国外でした行為であって、当該《とうがい》行為が日本国内において行われたとしたならば当該罪に当たり、かつ、当該行為地の法令により罪に当たるものを含《ふく》む。）をした者が、計画をした犯罪の実行のための資金として使用する目的で取得した財産」

（３）第六条の二

「テロリズム集団**その他の組織犯罪集団**（団体のうち、その結合関係の基礎としての共同の目的が別表第三に掲げる罪を実行することのある者をいう。次項において同じ。）の団体の活動として、当該行為を実行する組織により行われるものの遂行《すいこう》を**二人以上で計画した者**は、その計画をした者のいずれかによりその計画に基《もと》づき資金又は物品の手配、関係場所の下見その他の計画をした犯罪を実行するための準備行為が行われたときは、当該各号に定める刑に処する。**ただし、実行に着手するまえに自首した者は、その刑を軽減し、又は免除する**」

（４）第七条（**証人等買収**）

「罪に係る**自己又は他人の刑事事件に関し、証言をしないこと、若《も》しくは虚偽《きょぎ》の証言をすること、又は証拠を隠滅《いんめつ》し、若しくは変造《へんぞう》の証拠を使用することの報酬として、金銭その他の利益を供与し、又はその申し込み若しくは約束をした者は**、二年以下の懲役又は三十万円以下の罰金に処する」「二　死刑又は無期若しくは長期４年以上の懲役若しくは禁固の刑が定められている」「前項に掲げる罪に当たる行為が、団体の活動として、当該行為を実行するための組織により行われた場合、又は同項各号に掲げる罪が第三条第二項に規定する目的で侵された場合において、前項の罪を犯した者は、五年以下の懲役又は五十万円以下の罰金に処する」

277項目の「共謀罪」の対象犯罪（市民団体に関連すると思われるもの）

法律名	罪名	法定刑
組織犯罪処罰刑	組織的詐欺罪《そしきてきさぎざい》（3条1項13号）	1年以上の懲役《ちょうえき》
	犯罪収益等隠匿《はんざいしゅうえきとういんとく》（10条1項）	5年以下の懲役
	不法収益等による事業経営を目的とする行為（9条1項～3項）	5年以下の懲役
刑法	偽造私文書等行使（161条1項）	3ヵ月以上、5年以下の懲役
	偽証（169条）	3ヵ月以上、10年以下の懲役
	あっせん収賄《しゅうわい》（197条の4）	5年以下の懲役
	準詐欺罪（248条）	10年以下の懲役
	横領（252条）	5年以下の懲役
消費税法	偽りにより消費税を免れる行為等（64条1項または4項）	10年以下の懲役

（松宮孝明著『「共謀罪」を問う』法律文化社より）

弾圧の心得／恐れず、侮《あなど》らず、冷静に、機敏に対応する10ヵ条

①警察によって、家宅捜索に入られたときは、ただちに弁護士と国民救援会に連絡する。

事務所が家宅捜索されたときは、ただちに弁護士事務所と国民救援会に連絡。捜索の立ちあいは弁護士と一緒にする。連絡がつかない場合は腹を決めて一人で立ちあう。

②捜索令状等の確認と記録（相手の部署と名前も）

警官の名前と部署を確認し、メモをする。警官に家宅捜索の目的を聞く。捜索令状は確認する。捜索令状は書き写すか、または警官に読ませてICレコーダーに記録する。

③資料の押収は最小限に止めさせる

捜索目的に関係のない資料は持っていかせない。押収は最小限にとどめる。

④供述書には応じない

その場での供述には応じない。供述書に署名・捺印はしない。

⑤任意出頭は基本的に応じない

任意出頭には応じない。出頭要請があったら、すぐ弁護士と国民救援会に連絡し、相談する。

⑥逮捕された時の心構え

完全黙秘をつらぬく。言うことは「国民救援会の弁護士を呼べ」「トイレに行かせろ」「メシを食わせろ」のみ。「拘留は最長23日間」と腹を決め、闘う。

黙秘は、自分を守り、仲間と組織を守る最大の武器。食べ物の差し入れがあった場合は、サインは名前ではなく、自分の留置番号を記載する。

⑦国民救援会と弁護士事務所の連絡先は壁に貼っておく

⑧捜索後はただちに法律家・専門家と意思統一

弾圧直後に、弁護団、国民救援会と協議し、意思統一をはかり、抗議行動を起こす。

⑨全会員の力で反撃と運動を

全会員集会を開き、事件の概要《がいよう》とその狙《ねら》いを知らせ、全会員運動で反撃をする。

⑩失敗は絶対に責《せ》めない。

失敗は責めない。「なんでちゃんとしとかなかったんだ」「だから言っただろう」「頼りないぞ」「根性がなさすぎる」は禁句。なぜ上手くいかなかったかを分析し、過ちを二度と起こさない対応をする。困難な時にこそ激励と団結を。

（全大阪生活と健康を守る会連合会編『不当弾圧との闘いの記録』日本機関紙出版センター刊より）

伊賀《いが》 興一《おきかず》弁護士のプロフィール

1948年生まれ
1970年　関西大学二部法学部卒業
1975年　第29期司法修習生
1977年　大阪弁護士会登録、弁護士
現在　日本弁護士連合会刑事法制委員会副委員長
　　　　同　　　医療観察法対策部会部会長
　　　大阪弁護士会大阪刑事法制委員会委員長

主な著作

『揺れ動く保安処分』（共著、高千穂書房）、『コンピュータ犯罪と現代刑法」（共著、三省堂）、『被災者支援と自助努力・第３章』（共著、ジャスティス・current1）、『人権救済機関創設論議を検討するうえでの枢要な視点』（共著、雑誌部落特集2001年４月号）、『なにが幼い命を奪ったのか』（共著、角川書店）、『付添人業務を通じて、ガップリ四つで』（精神医学第46巻第８号別冊、2004年８月、医学書院）、『医療観察法３年の到達点と見直しの方向』、（臨床精神医学第38巻第５号、2009年５月）、『急性期医療に限局し、通院を基本にした地域医療機関に対象者を引き継ぐ医療観察法への大転換を』（浅田和重先生古希記念論文集・下巻）

全大阪生活と健康を守る会連合会（大生連）
〒550-0002　大阪市西区江戸堀２－７－32-304
TEL（06）６４４７－５１０５　FAX（06）６４４７－５１０６
URL:http://www16.plala.or.jp/daiseiren/

憲法違反の「共謀罪」！
これからどのように闘い、廃止をめざすか
－2017年７月29日、伊賀興一弁護士の講演記録－

2018年３月31日　初版第１刷

編　著　全大阪生活と健康を守る会連合会（大生連）
発行人　坂手 崇保
発行所　日本機関紙出版センター
〒553-0006　大阪市福島区吉野３－２－35
TEL（06）6465－1254　FAX（06）6465－1255
Ｅメール hon@nike.eonet.ne.jp